BEI GRIN MACHT SICH IHR WISSEN BEZAHLT

- Wir veröffentlichen Ihre Hausarbeit, Bachelor- und Masterarbeit

- Ihr eigenes eBook und Buch - weltweit in allen wichtigen Shops

- Verdienen Sie an jedem Verkauf

Jetzt bei www.GRIN.com hochladen und kostenlos publizieren

Bibliografische Information der Deutschen Nationalbibliothek:

Die Deutsche Bibliothek verzeichnet diese Publikation in der Deutschen Nationalbibliografie; detaillierte bibliografische Daten sind im Internet über http://dnb.d-nb.de/ abrufbar.

Dieses Werk sowie alle darin enthaltenen einzelnen Beiträge und Abbildungen sind urheberrechtlich geschützt. Jede Verwertung, die nicht ausdrücklich vom Urheberrechtsschutz zugelassen ist, bedarf der vorherigen Zustimmung des Verlages. Das gilt insbesondere für Vervielfältigungen, Bearbeitungen, Übersetzungen, Mikroverfilmungen, Auswertungen durch Datenbanken und für die Einspeicherung und Verarbeitung in elektronische Systeme. Alle Rechte, auch die des auszugsweisen Nachdrucks, der fotomechanischen Wiedergabe (einschließlich Mikrokopie) sowie der Auswertung durch Datenbanken oder ähnliche Einrichtungen, vorbehalten.

Impressum:

Copyright © 2013 GRIN Verlag
Druck und Bindung: Books on Demand GmbH, Norderstedt Germany
ISBN: 9783668613201

Dieses Buch bei GRIN:

https://www.grin.com/document/387355

Thomas Reck

Das zweite Mexikanische Kaiserreich zwischen 1863 und 1867

Der Einfluss des Kaisers Maximilian I. von Mexiko auf die Kultur, Politik, Wissenschaft, Bildung und die Architektur

GRIN Verlag

GRIN - Your knowledge has value

Der GRIN Verlag publiziert seit 1998 wissenschaftliche Arbeiten von Studenten, Hochschullehrern und anderen Akademikern als eBook und gedrucktes Buch. Die Verlagswebsite www.grin.com ist die ideale Plattform zur Veröffentlichung von Hausarbeiten, Abschlussarbeiten, wissenschaftlichen Aufsätzen, Dissertationen und Fachbüchern.

Besuchen Sie uns im Internet:

http://www.grin.com/

http://www.facebook.com/grincom

http://www.twitter.com/grin_com

Christian-Albrechts-Universität zu Kiel
Romanisches Seminar
"El apocalipsis a plazos: la ciudad de México, su historia y representaciones"
Wintersemester 2012/ 2013

Das zweite Mexikanische Kaiserreich zwischen 1863 und 1867

Der Einfluss des Kaisers Maximilian I. von Mexiko
auf die Kultur, Politik, Wissenschaft, Bildung und die Architektur.

von

Thomas Reck

Geschichte/ Spanisch, 5. Fachsemester

Inhaltsverzeichnis

1 Einleitung 3
2 Vorgeschichte Mexikos 3
3 Vorgeschichte Maximilians 5
4 Der Einfluss des Kaisers Maximilians I. 6
    4.1 Architektur 6
    4.2 Kultur 7
    4.3 Wissenschaft und Bildung 7
    4.4 Politik 8
5 Das Ende des Kaiserreiches und Maximilians I. 8
6 Fazit 9
7 Literaturangaben 10

1 Einleitung

Diese Hausarbeit befasst sich mit dem Thema: „Das zweite Mexikanische Kaiserreich zwischen 1863 und 1867". Die Hausarbeit soll darlegen, welchen Einfluss der Kaiser Maximilian I. von Mexiko auf Kultur, Politik, Wissenschaft, Bildung und die Architektur hatte und wie bedeutend dieser war. Als Hauptwerk für diese Hausarbeit diente das Buch „Der Maximilianische Staat – Mexiko 1861 – 1867 – Verfassung, Verwaltung und Ideengeschichte" von Johann Lubienski.

Die Grenzen dieser Nachforschung liegen hier beim Einfluss des Kaisers, der auch heute noch sichtbar ist. Da das zweite Kaiserreich nur so kurz anhielt, die Kaiserlichen nie die Kontrolle über ganz Mexiko erreichten, die Staatskassen meist leer waren und die nachfolgenden republikanischen Regierungen sich davon distanzierten, ist der Einfluss eher im kleinen und/oder lokal begrenzten Bereich zu finden. Weitere Projekte Maximilians, die aber nicht mehr ausgeführt werden konnten, finden in dieser Hausarbeit eher weniger Beachtung.

Im ersten Kapitel soll die jeweilige Vorgeschichte Mexikos von der Unabhängigkeit bis zur Anfrage der Thronannahme an Maximilian im Jahre 1863 erläutert werden. Das zweite Kapitel beschreibt kurz die Vorgeschichte Maximilians von seiner Geburt bis hin zur Thronannahme und seinem Eintreffen in Mexiko-Stadt im Jahre 1864. Das vierte Kapitel und seine Unterkapitel erläutern den Einfluss Maximilians I. in den jeweiligen Bereichen und das fünfte Kapitel erklärt den Untergang des zweiten Kaiserreiches und das Ende Maximilians.

2 Vorgeschichte Mexikos

Mexiko erlangte seine Unabhängigkeit im Jahre 1821[1] und im Mai des darauffolgenden Jahres ließ sich Agustín de Iturbide zum Kaiser von Mexiko krönen.[2] Der neue Staat Mexiko

---

[1] Vgl. Lughofer, Johann Georg: Des Kaisers *neues* Leben – Der Fall Maximilian von Mexiko, Wien, 2002, S. 13.
[2] Vgl. ebenda, S. 14.

übernahm die Schulden vom Vizekönigreich Neu-Spanien in Höhe von rund 80 Millionen Pesos. Im Jahre 1823 musste der Kaiser nach nur elf Monaten abdanken.[3] Die vielen Schulden, die andauernden Bürgerkriege, Heereskosten, Aufstände und Putsche, die von 1824 bis 1863 über 50 Regierungen an die Macht brachten,[4] brachten die Wirtschaft Mexikos zum Erliegen und sie kam aus dieser katastrophalen Lage nicht mehr heraus.[5]

Außenpolitisch gab es ebenfalls mehrere Konfliktherde, die der Stabilität und Wirtschaft des Landes weiter zusetzten. Im Jahre 1836 erklärte sich Texas von Mexiko unabhängig, da sich die meist englischsprachigen Kolonisten von Mexiko lossagen wollten.[6] Zwei Jahre später kämpften Mexiko und Frankreich im Kuchenkrieg gegeneinander.[7] Von 1846 bis 1848 führten die USA einen Krieg mit Mexiko, der in einer Niederlage Mexikos endete. Mexiko musste die Gebiete Neu Mexiko, Arizona, Kalifornien und Teile von Utah und Colorado abtreten. 1853 kauften die USA weitere kleinere Gebiete für 10 Millionen Dollar von Mexiko ab.[8]

Die Konservativen und die Liberalen kämpften in einem Bürgerkrieg, dem Reformkrieg von 1858 bis 1861, gegeneinander.[9] Als dieser 1861 beendet war, wurde ein Dekret erlassen, das eine Aussetzung der Rückzahlung der Auslands-schulden beinhaltete.[10] Dies führte dazu, dass die europäischen Mächte Frank-reich, Spanien und Großbritannien im Oktober 1861 die Londoner Konventionen vereinbarten. Diese drei Mächte wollten damit in Mexiko intervenieren.[11] Die USA, die dieses nicht wollten, konnten aber selber nicht für Mexiko Partei ergreifen, da diese sich selbst in einem Bürgerkrieg, dem Sezessionskrieg, befanden.[12] Noch im Dezember 1861 besetzten die Spanier die Hafenstadt Veracruz. Die anderen beiden Nationen folgten dann im Januar des darauf-folgenden Jahres.[13] Spanien und Großbritannien zogen sich aber bald wieder zurück, als ihnen bewusst wurde, dass Frankreich ganz Mexiko besetzen wollte, um dieses Land zu kontrollieren.[14] Am 5. Mai des Jahres 1862 besiegte die

---

[3] Vgl. ebenda, S. 15.
[4] Vgl. Anders, Ferdinand: Von Schönbrunn und Miramar nach Mexiko – Leben und Wirken des Erzherzog-Kaisers Ferdinand Maximilian, Graz, 2009, S. 16.
[5] Vgl. Lughofer, 2002, S. 18.
[6] Vgl. Anders, 2009, S. 17.
[7] Vgl. Lughofer, 2002, S. 17.
[8] Vgl. Anders, 2009, S. 17.
[9] Vgl. Lughofer, 2002, S. 21.
[10] Vgl. Lughofer, 2002, S. 23.
[11] Vgl. Lubienski, Johann: Der Maximilianische Staat, Mexiko 1861 – 1867 – Verfassung, Verwaltung und Ideengeschichte, Wien, 1988, S. 17.
[12] Vgl. Lughofer, 2002, S. 29.
[13] Vgl. Lubienski, 1988, S. 23-24.
[14] Vgl. ebenda, S. 25.

Mexikanische Armee die vorrückenden französischen Truppen bei Puebla. Der Krieg war zwar noch nicht beendet, aber dieser Sieg wurde zum Nationalfeiertag, *Cinco de Mayo*, erklärt.[15] Am 7. Juni 1863 besetzten die französischen Truppen die Hauptstadt Mexiko-Stadt.[16] Eine von Frankreich eingesetzte konservative *Junta* proklamierte das zweite Mexikanische Kaiserreich und fragte beim Erzherzog Ferdinand Maximilian von Österreich an, ob er die Kaiserkrone von Mexiko annehmen möchte.[17]

3 Vorgeschichte Maximilians

Maximilian wurde am 6. Juli 1832 auf Schloss Schönbrunn in Wien als zweiter Sohn des Erzherzoges Franz Carl und der Erzherzogin Sophie geboren. Er hatte drei Brüder. Der ältere hieß Franz Joseph, der später Kaiser von Österreich wurde, und die zwei jüngeren hießen Carl Ludwig und Ludwig Viktor.[18] In den 1850er- Jahren bereiste Maximilian das Mittelmeer und seine Küsten und schrieb dabei unter anderem Gedichte und Reiseberichte.[19] Der Bau der Votivkirche in Wien wurde von ihm initiiert und organisiert.[20] In der Nähe von Triest erbaute er sich sein Märchenschloss Miramare, und er modernisierte die österreichische Marine nach britischem Vorbild. Dazu ließ er eine neue Werft in Pola (heute auch Kroatisch: Pula) bauen, errichtete ein Marinemuseum und gründete das hydro-grafische Institut.[21] Seine Frau Charlotte, die belgische Königstochter, heiratete er am 27. Juli 1857.[22] Nachdem man ihm die Kaiserwürde von Mexiko angetragen hatte, nahm er diese am 10. April 1864 an.[23] Am 12. Juni 1864 traf er in Mexiko-Stadt ein und trat sein Amt als Kaiser an.[24]

---

[15] Vgl. Anders, 2009, S. 18.
[16] Vgl. Lubienski, 1988, S. 27.
[17] Vgl. Anders, 2009, S. 19.
[18] Vgl. Lubienski, 1988, S. 13.
[19] Vgl. ebenda, S. 13.
[20] Vgl. ebenda, S. 14.
[21] Vgl. ebenda, S. 14.
[22] Vgl. ebenda, S. 14.
[23] Vgl. Anders, 2009, S. 23.
[24] Vgl. Lubienski, 1988, S. 35.

4 Der Einfluss des Kaisers Maximilians I.

4.1 Architektur

Von den architektonischen Bauwerken, die der Kaiser Maximilian I. und seine Ehefrau Charlotte hinterließen, sind nur wenige erhalten, weil das zweite mexikanische Kaiserreich schon 1867 endete. Zusätzlich konnten bei der knappen Staatskasse Mexikos auch nur wenige Bauvorhaben umgesetzt werden, denn für weitere Projekte fehlte das nötige Geld. Die nachfolgenden republikanischen Regierungen haben einige Bauwerke aus der Zeit Maximilians I. sogar vernachlässigt, um sich vom Kaiserreich zu distanzieren.[25]

Bis heute erhaltene Bauwerke und Einflüsse von Maximilian I. sind unter anderem an der *Paseo de la Reforma* zu finden, die damals *Calzado de Emperadores* hieß. Diese Allee verbindet die Hauptstadt mit dem Schloss *Chapultepec*.[26] Des Weiteren ließ Maximilian I. den *Palacio Nacional* restaurieren und umbauen.[27] Besonders der *Salon de Embajadores* wurde im *Palacio Nacional* umgebaut.[28] Der Hauptplatz der Stadt Mexiko, der heute *Plaza de la Constitución* genannt wird, wurde auf Initiative Maximilians I. bepflanzt. Diese Bepflanzung des Hauptparks hatte weitreichenden Einfluss auf Mexiko: „Seither zeigen alle Hauptplätze landesweit entsprechenden Schmuck von Bäumen."[29] Ebenso wurde der Park Alameda auf seinen Auftrag hin erweitert.[30] Das bereits erwähnte Schloss *Chapultepec*, welches sich Maximilian I. als Residenzschloss ausgesucht hatte,[31] erhielt zum Teil eine neue Außenfassade.[32] „[…] la ciudad de […] [México] se desprende un perfume europeo."[33]

---

[25] Vgl. ebenda, S. 76.
[26] Vgl. Lubienski, 1988, S. 77.
[27] Vgl. Lughofer, 2002, S. 93.
[28] Vgl. Lubienski, 1988, S. 77.
[29] Anders, 2009, S. 28.
[30] Vgl. Lughofer, 2002, S. 98.
[31] Vgl. Anders, 2009, S. 28.
[32] Vgl. Lubienski, 1988, S. 77.
[33] Gruzinski, Serge: "La dictatura o el caos" En: *La ciudad de México: una historia*. México: Fondo de Cultura Económica de México, 2004, S. 81.

4.2 Kultur

Im Bereich der Kultur unterstützte Maximilian I. den „nacionalismo artístico e intelectual".[34] Im Nationaltheater wurden unter anderem neue Theaterstücke und die italienische Oper vorgetragen.[35] Weiterhin ließ sich Maximilian I. von seinem Bruder Franz Joseph aus Wien den Schild Moctezumas und den Originalbericht Cortés' zuschicken.[36] Diese und andere präkolumbianischen Artefakte wurden im Nationalpalast zusammengetragen und vor Raubarchäologie gerettet.[37]

4.3 Wissenschaft und Bildung

Die Wissenschaft unterstützte Maximilian I., indem er am 10. April 1865 die Akademie der Wissenschaft gründete.[38] Des Weiteren förderte er die *Sociedad Mexicana de Geografía y Estadística*. Deren Berichte wurden unter anderem im *Diario del Imperio* veröffentlicht.[39] Ein besonderes Augenmerk hatte Maximilian I. auf die indigene Bevölkerung gelegt. Er berief Ende 1866 den Ägyptologen Simon Leo Reinisch, der heute als Vater der Afrikanistik bekannt ist, nach Mexiko. Dieser sollte die indigenen Sprachen untersuchen, aber dieses Projekt konnte nicht mehr verwirklicht werden.[40]

Im Bereich der Bildung führte Maximilian I. neue Lehrpläne für Universitäten und Schulen ein.[41] Der neue Volksschulunterricht sollte verpflichtend und kosten-los sein, damit jeder Zugang zu Bildung hatte. Eine Kommission sollte das Unter-richtsministerium beraten und darauf achten, dass unter anderem Gesetze und allgemeine Grundsätze eingehalten wurden. All diese Pläne konnten jedoch nur ansatzweise in der ersten Hälfte der Regierungszeit Maximilians I. umgesetzt werden.[42]

---

[34] Vgl. Gruzinski, 2004, S. 78.
[35] Vgl. Lubienski, 1988, S. 77.
[36] Vgl. Lughofer, 2002, S. 98.
[37] Vgl. Lubienski, 1988, S. 78.
[38] Vgl. ebenda, S. 77.
[39] Vgl. ebenda, S. 78.
[40] Vgl. Anders, 2009, S. 32-34.
[41] Vgl. Lughofer, 2002, S. 98.
[42] Vgl. Lubienski, 1988, S. 79.

4.4 Politik

Die Aprilverfassung *Estatuto Provisional del Imperio Mexicano* aus dem Jahr 1865 war eine eher liberal gehaltene Verfassung und garantierte unter anderem die Gleichheit vor dem Gesetz, Religionsfreiheit[43], Pressefreiheit, freie Meinungs-äußerung, Vereinsfreiheit, Schutz vor willkürlichen Enteignungen, ordentliche Gerichtsverfahren und die Gewaltenteilung. Diese wurde aber nur zwischen der Judikative auf der einen Seite und der Exekutive und Legislative auf der anderen Seite garantiert. Des Weiteren wurde die Sklaverei verboten.[44] Diese liberale Verfassung brüskierte die Konservativen in Mexiko, die Maximilian I. am Anfang noch unterstützt hatten. Aber auch eine Annäherung an die Liberalen konnte damit nicht erreicht werden und sie lehnten Maximilian I. weiterhin ab.[45] Sogar die konservative Presse bezog öffentlich Stellung gegen die liberalen, von Maximilians I erlassenen Gesetze.[46] Die garantierte Religionsfreiheit und die kirchenfeindlichen liberalen Reformgesetze führten zum Bruch mit Rom, sodass Maximilian I. aus Rom keine Hilfe erwarten konnte.[47] Am dritten März 1865 wurde ein Gesetz erlassen, das eine Neueinteilung des Landes in 50 Departements beinhaltete. Dieses Gesetz wie auch andere konnten nie realisiert werden.[48]

5 Das Ende des Kaiserreiches und Maximilians I.

Da die Nordstaaten den Sezessionskrieg gewannen, konnten die USA ab 1866 den politischen Druck auf Frankreich erhöhen und drängten zum Abzug der Truppen aus Mexiko.[49] Zusätzlich wurden Kriegsgeräte und Munition von den USA über den Rio Grande an die Republikaner geschickt.[50] Frankreich drängte Maximilian I. vorher schon, eine eigene Armee aufzustellen, damit Frankreich seine Truppen zurückziehen könne.[51] Aber nachdem die USA

---

[43] Vgl. Anders, 2009, S. 27.
[44] Vgl. Lubienski, 1988, S. 81.
[45] Vgl. Lughofer, 2002, S. 92.
[46] Vgl. ebenda, S. 96.
[47] Vgl. ebenda, S. 100.
[48] Vgl. Anders, 2009, S. 53.
[49] Vgl. ebenda, S. 54.
[50] Vgl. Lughofer, 2002, S. 107.
[51] Vgl. ebenda, S. 108.

Druck ausgeübt hatten, zog Frankreich seine Truppen aus Mexiko ab.[52] Kaiser Maximilian I. entschied sich, im Land zu bleiben.[53] Er wurde von den mexikanischen Truppen unter Juárez' Führung am 14. Mai 1867 gefangen genommen.[54] Zum Tode verurteilt, wurde er am 19. Juni 1867 bei Tres Campanas, Querétaro, erschossen.[55] Da sich seine Ehefrau Charlotte gerade in Europa aufhielt, um in Frankreich bei Napoleon III. persönlich um Hilfe zu bitten, überlebte sie.[56]

6 Fazit

Diese Hausarbeit konnte aufzeigen, dass es einen geringen Einfluss gab, den Maximilian I. auf Mexiko ausübte. Da das zweite Kaiserreich nur drei bis vier Jahre dauerte, die kaiserliche Herrschaft sich nie über ganz Mexiko erstreckte und die republikanischen Kräfte Mexikos nie ganz bezwungen werden konnten, ist es umso erstaunlicher, dass ein europäischer Monarch überhaupt Einfluss auf das Land nehmen konnte, gerade in den Bereichen der Kultur, Architektur oder Wissenschaft, die sich bis heute erhalten haben. Die wirklich größten Verdienste, die man Maximilian I. während seiner kurzen Amtszeit einräumen muss, sind vor allem, dass er den präkolumbianischen Schild Moctezumas wieder nach Mexiko-Stadt bringen ließ, weitere präkolumbianischen Artefakte vor der Raubarchäologie sicherte, die Akademie der Wissenschaft gründete und dass er den Pracht-boulevard in Mexiko-Stadt anlegen ließ. Besonders der Einfluss auf die Archi-tektur, wie der Prachtboulevard in Mexiko-Stadt, war sehr lokal auf die Haupt-stadt und Umgebung begrenzt, wie die Restaurierung im Nationalpalast, Be-pflanzung des Hauptplatzes oder die Umbauten am Schloss *Chapultepec*. Im Vorfeld des zweiten Kaiserreichs, im Zuge der französischen Eroberung Mexikos, gab es einen weiteren kulturellen Einfluss seitens der französischen Truppen, die in einer Schlacht besiegt wurden, wodurch der Nationalfeiertag *Cinco de Mayo* seitens der Mexikaner ausgerufen wurde, der auch heute noch gefeiert wird.

---

[52] Vgl. Anders, 2009, S. 56.
[53] Vgl. Lughofer, 2002, S. 120.
[54] Vgl. ebenda, S. 140-142.
[55] Vgl. ebenda, S. 156.
[56] Vgl. ebenda, S. 116.

7 Literaturangaben

- Anders, Ferdinand: Von Schönbrunn und Miramar nach Mexiko – Leben und Wirken des Erzherzog-Kaisers Ferdinand Maximilian, Graz, 2009.
- Gruzinski, Serge: "La dictatura o el caos" En: *La ciudad de México: una historia.* México: Fondo de Cultura Económica de México, 2004, 75-99.
- Lubienski, Johann: Der Maximilianische Staat, Mexiko 1861 – 1867 – Verfassung, Verwaltung und Ideengeschichte, Wien, 1988.
- Lughofer, Johann Georg: Des Kaisers *neues* Leben – Der Fall Maximilian von Mexiko, Wien, 2002.

BEI GRIN MACHT SICH IHR WISSEN BEZAHLT

- Wir veröffentlichen Ihre Hausarbeit, Bachelor- und Masterarbeit

- Ihr eigenes eBook und Buch - weltweit in allen wichtigen Shops

- Verdienen Sie an jedem Verkauf

Jetzt bei www.GRIN.com hochladen und kostenlos publizieren